Brodie et la fée des aliments

Claudia Lemay, Dt. P.

Illustré par

Chris Hamilton

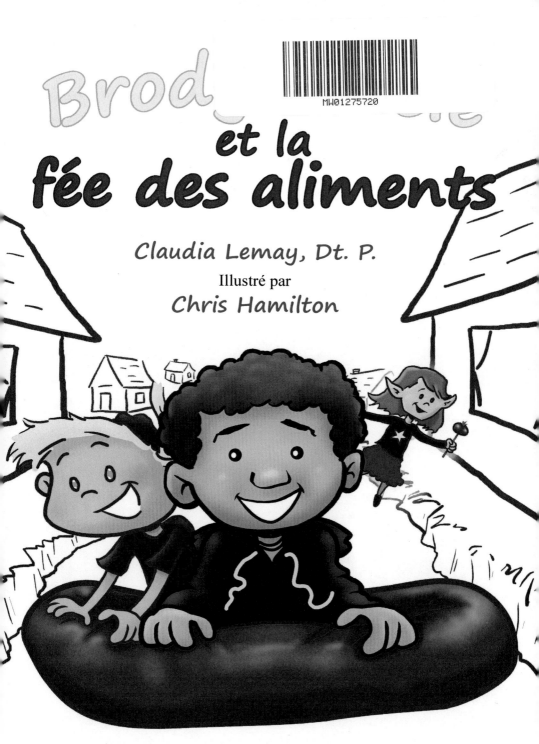

Une aventure excitante pour expliquer le diabète de type 1 aux enfants.

Quand Lucie arriva à l'école l'autre matin, elle partit à la recherche de Brody, son meilleur ami, comme elle le faisait à tous les matins. D'habitude, elle le trouvait soit sur la cage à grimper, soit pendu à la cage à grimper, ou encore, en train de planifier sa prochaine pirouette, sur la cage à grimper. Mais ce matin-là, Lucie ne le trouva pas.

Elle partit donc à sa recherche. Elle longeait la cour de récréation quand soudain elle l'aperçut près de la rue, assis tout seul sur le trottoir, l'air triste.

Brody était toujours de bonne humeur! Que se passait-il? Elle courut vers lui:

« Allô! Hé, allô? Ça va? » lui demanda-t-elle, inquiète. Mais Brody ne se retourna même pas.

« Brody? Ça va? répéta-t-elle en s'accroupissant.

— NON! Ça va pas, lui répondit-il, fâché. Je suis fatigué, j'ai faim, j'ai soif et je veux dormir! Et puis, je vois tout embrouillé! » Lucie était toute surprise. Elle n'avait jamais vu son ami agir de cette façon.

Elle prit la bouteille d'eau qu'elle avait dans son sac à dos, et l'offrit à Brody qui refusa d'un signe de tête:

« J'en ai déjà bu deux bouteilles! »

« Eh bien! Nous allons à l'infirmerie, que tu le veuilles ou non. » Elle se leva d'un bond et tira Brody par la main. Il se redressa en laissant échapper un gros soupir, et tous deux partirent vers l'école en silence.

Une fois arrivés, la réceptionniste reconduisit immédiatement les enfants au bureau de l'infirmier et, tout en ouvrant la porte de l'infirmerie, elle dit à Brody:

« J'espère que tu te sentiras mieux bien vite, mon grand! »

Marc, l'infirmier, les accueillit en souriant:

« Allo Brody! Qu'est-ce qui t'amène?

— Je ne me sens pas bien, répondit Brody. Oh, et voici Lucie, ma meilleure amie.

— Lucie! Je suis content de pouvoir enfin faire ta connaissance! » Il se retourna vers Brody: « Allez, vérifions ton taux de sucre sanguin tout de suite.

— Vaudrait peut-être mieux... dit Brody d'un air piteux.

— Vous vous connaissez déjà? » interrompit Lucie, bouche bée.

Ni Marc, ni Brody
ne lui répondirent. L'air
sérieux, Marc tendit la
main vers Brody et dit:
    « Glucomètre, s'il
te plaît, mais d'abord,
va te laver les mains. »
Brody partit laver ses
mains au lavabo et,
une fois revenu,
souleva son
chandail pour y
révéler un petit sac
rouge, qu'il ouvrit.
    Il en sortit
trois drôles de
machins
électroniques qu'il
tendit à Marc.
Marc appuya
sur le bouton
d'un des trois
machins et
un « bip » se
fit entendre.

Ensuite, il appuya une aiguille qui sortait d'un des autres
machin sur le doigt de Brody, et ils entendirent un déclic.

Ensuite, Brody pinça son doigt et une petite goutte rouge apparut.

« Est-ce que c'est du s... s... sang, ça? dit Lucie, pâle.

— Oui, c'est du sang, mais ça ne fait pas trop mal. T'en fais pas, je le fais tout le temps pour savoir si le sucre dans mon sang est trop haut... ou trop bas.

— Tu as du sucre dans ton sang? Comment ça? Qui l'a mis là? »

Marc et Brody étaient toujours trop occupés pour répondre. Marc mit le bout du ruban blanc qui sortait du dernier machin sur la goutte de sang et attendit pour les résultats...

« Wow! Pas surprenant que tu ne te sentes pas bien! Ton taux de glycémie est super élevé! Saurais-tu pourquoi, par hasard?

— Euh... ça se pourrait peut-être que j'aie mangé une tablette de chocolat dans l'autobus... ou deux... en plus de mon déjeuner, dit Brody d'une toute petite voix.

— Ah, okay. Allez! Laisse-moi t'aider avec ta pompe. Ensuite, j'irai appeler ton père. »

« Est-ce que Lucie peut rester avec moi pendant que tu parles à mon père? demanda Brody.

— Bien sûr! dit Marc en finissant de programmer la pompe. Voilà, tu vas vite aller mieux. » Il appela le père de Brody pendant que les enfants attendirent en silence. Quelques minutes plus tard, Marc annonça: « Ton père a décidé de venir te visiter. Je propose donc qu'en l'attendant, toi et moi on explique le diabète à Lucie, car elle semble ' avoir plusieurs questions. Puisqu'elle est ici avec toi, je suppose que tu es prêt à ce qu'elle soit mise au courant? Aimerais-tu un peu d'aide pour lui en parler? » Marc regarda Brody qui, lui, continua à fixer ses souliers en silence. Ses souliers devaient avoir l'air très intéressants!

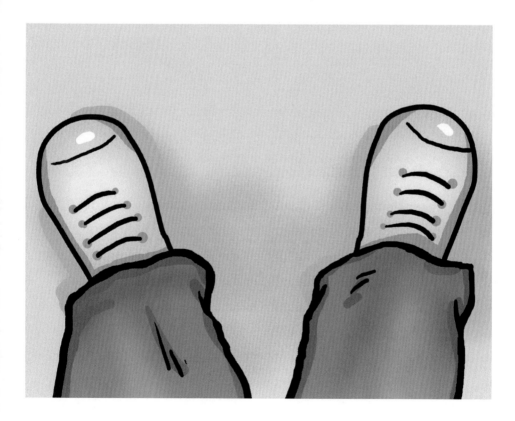

Finalement, Brody leva la tête vers Marc qui lui sourit. Brody se tourna vers Lucie et dit d'une toute petite voix: « Je suis atteint de diabète.

— DE QUOI? De diabec? C'est quoi ça? C'est grave? Es-tu malade? s'exclama Lucie.

— Di-a-bè-te, prononça Marc clairement. Le diabète est assez courant, mais aussi assez sérieux. Chez les gens qui souffrent de diabète, le pancréas ne fonctionne pas bien. Tiens, voici le pancréas, » ajouta-t-il en pointant du doigt un truc jaune sur une affiche installée au mur.

« Commençons au début. Le sucre et les glucides sont présents dans plusieurs aliments, comme les céréales, les fruits, les légumes, le yogourt et même les bonbons. Quand on mange ces aliments, leurs glucides se rendent à l'estomac où ils sont transformés en sucre lors de la digestion. Ce sucre est ensuite absorbé dans le sang. Une fois dans le sang, l'insuline permet au sucre d'entrer dans les cellules pour leur fournir de l'énergie. Vous savez déjà que le sucre, c'est de l'énergie. Chez les gens qui souffrent de diabète, le pancréas ne produit pas d'insuline. Donc, le sucre qui provient des aliments que Brody mange ne peut entrer dans ses cellules et s'accumule dans son sang, à la place. Vous comprenez? » Ils hochèrent la tête, et Marc continua:

« Pas de sucre dans les cellules, pas d'énergie. Voilà pourquoi Brody ne se sent pas bien.

— Oh! Qu'est-ce qu'on va faire? s'exclama Lucie.

— Heureusement, il y a des façons d'introduire le sucre dans ses cellules... Hé... j'ai une idée!

Je connais quelqu'un qui sait bien expliquer ce genre de trucs! dit Marc, en souriant. À tantôt! » dit-il en quittant le bureau.

Lucie et Brody eurent à peine le temps d'échanger un regard étonné qu'ils entendirent un « Souish » provenant de la fenêtre...

C'est alors que surgit une petite créature aux oreilles pointues, volant sur un arc-en-ciel plein d'étincelles. Lucie s'exclama:

« Carambole! Que je suis contente de te voir! Qu'est-ce que tu fais ici? Es-tu revenue me voir? Comment ça va?

— Wow! C'est tout un tas de questions, ça! répondit Carambole en riant. Tu ne changes pas, toi! Bonjour Brody!

— Euh, b... b... bonjour, murmura Brody, les yeux tout écarquillés.

— Est-ce que Lucie t'a parlé de moi?

— Bien oui! Elle m'a parlé de toi et de ton pays Croissance au moins trois milliards de fois. Minimum! Elle m'a dit que tout le monde a une maison à Croissance et qu'en réalité chaque maison est le corps d'une personne. Je sais que je dois manger certains aliments pour que les Elfes qui construisent ma maison, heu, je veux dire mon corps, aient les matériaux dont ils ont besoin.

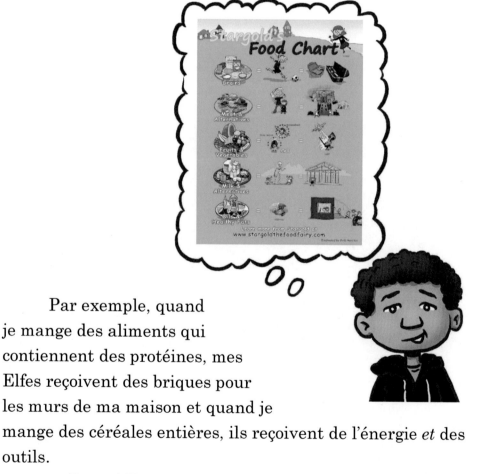

Par exemple, quand je mange des aliments qui contiennent des protéines, mes Elfes reçoivent des briques pour les murs de ma maison et quand je mange des céréales entières, ils reçoivent de l'énergie *et* des outils.

— Bravo! Ta compréhension est phénoménale. Mais à cause de ton diabète, ton cas est un peu différent, ou spécial.

— Mais je ne veux pas être différent, ou spécial, bon! protesta Brody, furieux.

— Mais on est tous différents! Donc, être différent, c'est normal! Tes Elfes ont besoin d'un peu plus d'aide, c'est tout. Viens à Croissance avec Lucie et moi. Je vais tout vous montrer! »

Elle leva la main en guise de promesse. Lucie se retourna vers Brody, le regard implorant. Tout en sautillant sur place, elle supplia: « S'il-te-plaît, s'il-te-plaît, s'il-te-plaît? »

Brody soupira. « Bon, bon, ça va, on y va, autrement, j'en entendrai parler pour les vingt prochains siècles! »

Carambole prit une main de Brody pendant que
Lucie prit son autre et ils s'envolèrent vers Croissance. Ils
survolèrent des océans et des déserts, des torrents et des
jungles. Ils planèrent au-dessus d'une forêt gigantesque
pour enfin arriver à Croissance. En voyant les milliers de
rivières, les milliers de petites barques rondes et rouges et
les milliers de jolies maisons, toutes belles, chacune à sa
façon, Brody ne put faire autrement que de sourire.
Carambole déclara: « Comme tu le vois, Brody, ici, il y a
seulement des rivières. C'est donc en barque que nous
allons visiter. »

Ils atterrirent et sautèrent dans une barque pour commencer leur aventure. Carambole dit:

« Comme tu le mentionnais plus tôt, Brody, chaque maison est magique car elle représente le corps d'une personne. » Soudain, elle se mit à sourire: « Regardez là-bas, c'est la maison de Lucie! »

La maison de Lucie était maintenant plus large et plus haute que lors de sa dernière visite. Lucie aimait beaucoup sa maison maintenant qu'elle savait à quel point elle était magique. Elle envoya la main aux Elfes qui y travaillaient, et tous la saluèrent.

« Moi aussi je veux voir ma maison! s'exclama Brody.

— Bien sûr. En fait, elle est tout près, dit Carambole, en la pointant du doigt et en ajoutant, sur une note plus sérieuse, regarde, Brody, elle est juste là. »

Tout de suite ils remarquèrent quelque chose
d'étrange: il y avait des boîtes à lunch partout! Il y en avait
tellement que le passage de la maison à la rivière était
complètement bloqué. Ils remarquèrent aussi que les Elfes
de Brody ne travaillaient pas. Certains étaient même
endormis!

« Pourquoi mes Elfes-bâtisseurs dorment-ils? demanda Brody, fâché. Ils n'ont pas de travail à faire?

— Ils dorment parce qu'ils n'ont pas d'énergie pour travailler, dit Carambole.

— Alors pourquoi ne mangent-ils pas ce qu'il y a dans les boîtes à lunch? Cela leur donnerait l'énergie dont ils ont besoin! ajouta Brody impatiemment.

— Tes boîtes à lunch sont verrouillées. Les Elfes ont besoin de clés appelées « Insuline » pour les ouvrir. Ton pancréas ne produit pas cette clé. Alors, tes Elfes ne peuvent pas ouvrir les boîtes à lunch. »

Carambole continua: « Quand les boîtes à lunch s'empilent, elles bloquent la rivière et les matériaux ne peuvent plus traverser. Le chaos s'installe alors et comme les singes-saboteurs aiment le chaos, ils tendent à rôder aux alentours. Ils n'aiment rien de mieux que de s'adonner au sabotage!

— Mais il faut faire quelque chose! Mais quoi? demanda Lucie.

— Il faut vite aller chercher des clés-insuline pour les Elfes de Brody, mais on ne les trouvera pas ici. Allons rendre visite à la reine Endocrine. Son royaume est très important et elle est la seule qui puisse nous aider.

— Où est-elle? demanda Brody.

— Elle vit sur l'île de Langerhans, dans la province du Pancréas. Suivez-moi, ce sera plus vite que d'y aller en barque! »

Carambole prit la main de Brody, qui prit la main de Lucie, et ils s'envolèrent. Ils atterrirent sur une petite île en forme d'œuf entourée d'autres îles semblables.

« La reine Endocrine vit tout là-haut, » dit Carambole, en pointant du doigt un château installé sur une colline.

Alors qu'ils s'approchaient du château, Carambole ajouta: « La Reine est très importante. Notre visite doit être brève. »

De grandes portes vitrées s'ouvrirent pour les laisser entrer, comme s'ils étaient attendus.

« Salutations, Brody, Lucie et Carambole. Je vous attendais, dit la reine Endocrine d'un air impérieux.

— Hein? Comment ca? dit Lucie.

— Vraiment? demanda Brody, presque en même temps. Pouvez-vous me dire pourquoi je suis atteint de diabète, Madame la Reine?

— Comment c'est d'être une reine? Avez-vous des serviteurs? ajouta Lucie.

— Hmmm, voilà beaucoup de questions! déclara la reine sans sourciller.

Tout d'abord, oui, je vous attendais. Les cellules nerveuses m'ont avisée de votre arrivée.

— Les cellules nerveuses? Comme des téléphones cellulaires? » demanda Brody, les yeux grand ouverts. La reine gloussa, les enfants ayant réussi à la faire rire. « Oui, tout comme les téléphones cellulaires! Ensuite, continua la reine en reprenant son sérieux, on ne sait pas ce qui cause le diabète exactement. Je suis désolée. Mais cela ne change rien, Brody, car tu vas devoir obtenir les clés-insuline dont tu as besoin par toi-même. Tu les trouveras dans un coffre placé dans la pièce la plus élevée de la tour du Nord. Choisis le coffre marqué ‹ Beta, › pas celui marqué ‹ Alpha. › Assure-toi de ne prendre que 12 clés, pas une de plus. Maintenant vous allez devoir m'excuser, mes messagers

m'attendent. Je dois me tenir informée en tout temps afin de bien contrôler les affaires de mon royaume.

— Merci, ma Reine, dirent respectueusement Lucie et Brody en faisant la révérence, tout comme Carambole.

— Allons-y, déclara cette dernière. Je sais où sont les escaliers de la tour du Nord. »

Ils prirent le couloir au fond de la grande salle, traversèrent les cuisines, la bibliothèque, deux salles à manger et arrivèrent enfin à un long escalier en colimaçon. Ils en gravirent les marches et se retrouvèrent dans une salle ronde très sombre.

Lucie se rendit au fond de la salle. « Regarde! » dit-elle. « Les coffres sont ici! » Brody la rejoignit en courant et remarqua que le mot « Beta » était écrit sur l'un deux.

« C'est celui-ci! s'exclama-t-il. C'est exactement comme elle l'avait dit! »

Il en souleva le couvercle, qui était très lourd, et y vit des centaines de clés-insuline à l'intérieur.

« Hourra! Je vais enfin me sentir mieux! s'exclama Brody.

— N'oublie pas de ne prendre que ce dont tu as besoin, dit Carambole.

— Mais pourquoi? Il y en a tellement! Je pourrais être guéri pour toujours si j'en prenais plus! Je pourrais être « normal » comme Lucie! dit Brody.

— J'ai bien peur que cela ne fonctionne pas comme ça, Brody. Tu dois suivre les directives de la reine. Elle a dit seulement 12 clés, » insista Carambole.

— Cela ne me dérange pas! Je ne veux plus être différent! s'exclama Brody en remplissant ses poches de clés. Tiens, Lucie, prends-en toi aussi! »

Un peu mal à l'aise, Lucie tendit les mains vers les clés car elle ne voulait pas décevoir son ami.

Ils remplirent leurs poches jusqu'à ce qu'elles débordent puis reprirent tous trois le chemin vers la maison de Brody en silence. En arrivant, Lucie et Brody se mirent tout de suite à la tâche en distribuant toutes les clés-Insuline aux Elfes-bâtisseurs qui les prirent avec soulagement.

« Merci Brody et Lucie! Hourra! » dirent-ils, heureux. C'était la fête! Toutes les boîtes à lunch furent ouvertes et toute la nourriture mangée, jusqu'à ce qu'il…

Ne reste plus de boîtes à lunch du tout. Bientôt, les Elfes se mirent à se sentir fatigués à nouveau. Un Elfe s'assit, puis un autre, puis un autre. Quand tous les Elfes furent assis, Brody s'appercut qu'il était fatigué lui aussi. Il se fâcha.

« Maintenant nous sommes encore tous fatigués et affamés. Et j'ai mal à la tête! Je n'aurais jamais dû utiliser toutes ces clés à la fois! » s'écria Brody, en donnant un coup de pied aux boîtes à lunch vides. Lucie s'approcha.

« Qu'est-ce qui ne va pas? Tu trembles et tu es tout en sueur! » remarqua-t-elle, inquiète.

Carambole intervint: « Ne t'inquiète pas, Lucie. Ça va passer. Brody est en hypoglycémie, ce qui veut dire que la quantité de sucre dans son sang est trop basse. Brody, essaie de ne pas trop t'en faire. Aujourd'hui tu as appris une bonne leçon. C'est tout. Allez, laisse-moi t'aider. »

Carambole donna un coup de sa baguette magique et un plateau apparut contenant différents jus, bonbons et boissons gazeuses.

« Ces aliments contiennent suffisamment de glucides pour que tu te sentes mieux, expliqua Carambole. Bois du jus ou mange 6 bonbons et tu iras mieux.

— Quoi? s'exclama Lucie. Des BONBONS? Mais les bonbons ne fournissent pas d'outils, juste de l'énergie!

Carambole se mit à rire.

« Il a besoin de sucre maintenant, et les bonbons sont parfaits pour cela parce que le sucre sera rapidement absorbé dans son sang.

— Mais c'est génial! » dit Lucie, en regardant les bonbons avec envie.

Brody prit une petite gorgée de jus et 18 bonbons, en mangea 6, en mit 6 dans sa poche pour plus tard, puis offrit le reste à Lucie qui les enfourna immédiatement dans sa bouche.

« Attends! Ils sont encore dans leur emballage! » dit Carambole en riant. Tous trois éclatèrent de rire et Brody se mit à se sentir mieux.

Ils marchèrent pour trouver un endroit pour se reposer et trouvèrent un bel endroit à l'ombre sous un grand peuplier.

Une fois ses bonbons terminés, Lucie dit à Brody:
« Je comprends maintenant! Cette pochette que tu as sous
ton chandail...

— Tu veux dire ma pompe à insuline?

— Oui, cela fonctionne comme les clés-insuline.

— C'est sûr, je le sais.

— Mais oui, comme ton corps ne fabrique pas
d'insuline, il faut qu'elle vienne d'ailleurs. Ici à Croissance,
nous avons pu amener les clés à tes Elfes. Mais à la
maison, l'insuline est fournie par la pompe. C'est ça que
faisait Marc quand il a poussé tous ces boutons.

— Oui, il s'assurait que j'aie le bon dosage d'insuline.

— Ah! Génial! »

Brody semblait toujours un peu triste. Carambole lui dit gentiment:

« Je sais que tu veux être comme les autres, Brody. Je te comprends. Parfois, moi aussi j'aimerais être un enfant comme toi et Lucie plutôt qu'une Elfe.

— Mais c'est cool d'être une Elfe, protesta Brody. Le diabète, ce n'est pas cool! J'en suis gêné et fâché. Pourquoi moi? C'est tellement injuste!

— Est-ce que c'est pour ça que tu ne me l'avais pas dit? lui demanda Lucie.

— Ouais, je pensais que tu ne voudrais plus être mon amie...

— Pourquoi est-ce que je ne voudrais plus être ton amie à cause de quelque chose comme ça?! lui dit-elle, tout étonnée. Tu es vraiment une nouille parfois, toi! Tu me demandes comment va ma journée, et tu écoutes vraiment ma réponse! Tu me fais rire. Tu me laisses jouer à des jeux vidéo sur ton ordi. Tout le monde t'aime parce que tu es gentil et tu te préoccupes des autres! »

Elle s'arrêta, ouvrit sa main qui était encore pleine d'emballages de bonbons, et ajouta, en rigolant: « Mais la vraie raison pour laquelle nous sommes amis est que tu me donnes des bonbons! » Ils éclatèrent de rire.

« Brody, tu es un ami super. Si je ne voulais pas être ton amie à cause du diabète, quelle sorte de personne cela ferait de moi?

— Oh, je n'avais pas pensé à ça, dit Brody.

— Ce n'est pas ta faute si tes Elfes-bâtisseurs ne peuvent pas ouvrir leurs boîtes à lunch. Ce n'est même pas leur faute! enchérit Carambole. Nous naissons tous avec quelque chose de spécial, de différent, et des choses injustes nous arrivent à tous. C'est ce qui fait que nous sommes tous normaux et spéciaux en même temps. De plus, tu viens d'apprendre que ce n'est pas si compliqué que ça d'être aimé après tout. Tout ce que tu as à faire, c'est d'aimer en premier et de laisser aller. Tu vois, il y a toujours du positif qui ressort des difficultés en bout de ligne! » ajouta-t-elle.

Brody se sentit soulagé. « Que je suis chanceux d'avoir des amies comme vous deux, dit-il.

— Bon, le temps est venu pour vous de retourner à l'école, » dit Carambole en souriant.

Ils se firent un câlin et Carambole les ramena en survolant les jungles, les torrents, les déserts et les océans pour enfin arriver par la fenêtre du bureau de Marc.

« Ça y est, Carambole? On ne te reverra plus pour un bout de temps? demanda Lucie, toute triste d'avoir à dire encore au revoir à son amie.

— Oui, à moins que tu ne te trouves dans de beaux draps! dit Carambole en lui faisant un clin d'œil. Vous allez me manquer! Je vous aime bien, tous les deux! Bye! »

À ces mots, Carambole s'envola sur son arc-en-ciel scintillant. Juste comme les toutes dernières étincelles de l'arc-en-ciel s'estompaient dans l'air, le père de Brody et Marc entrèrent dans le bureau. Brody s'écria: « Papa! J'ai l'histoire la plus extraordinaire à te raconter! »

Fin

Les trucs de Carambole

1. Mange à des heures régulières.

2. Surveille la quantité de glucides que tu consommes en essayant de la garder constante d'un jour à l'autre.

3. Remplis ton assiette d'aliments en choisissant le plus souvent:

   - Fruits et légumes
   - Grains entiers
   - Fèves et légumineuses
   - Noix, graines et produits de soya
   - Huiles santé (olive, graines de lin, noix de grenobles, chanvre, canola, etc.)

   (voir page 35)

4. N'oublie pas de:

   - Lire les tableaux de la valeur nutritive (étiquettes des aliments)
   - Boire beaucoup d'eau
   - Manger avec tes amis ou ta famille
   - Aller jouer dehors tous les jours!

Les aliments de Brody

La diète Méditerranéenne
Illustrations: Chris Hamilton

À table avec Brody...

Pour commander des copies du poster 15 grammes de glucides de Carambole, visitez le site: www.laféedesaliments.ca

Remerciements

- Merci au vrai Brody, l'ami de classe de mon garçon, Justin. Un jour en revenant de l'école, Justin m'a dit: « Mon ami fait du ‹ Diabec ›. » Le vrai Brody a aussi les cheveux bouclés, et sa vraie maman l'appelle le petit monstre de l'hypoglycémie (des fois). Le vrai Brody est très sage et contrairement à mon Brody, qui a été inventé pour faire une histoire, accepte son état de santé avec sagesse et sérénité.

- Merci à ses parents Theo et Ailsa d'avoir partagé leur expérience de parent avec moi.

- MERCI aux vraies Elfes de BC Children's Hospital. Ces Elfes aident des centaines de familles à chaque année et sont les vraies héroïnes. Elles m'ont aidé gratuitement à rendre mon histoire la plus authentique et médicalement correcte possible: Alexandra Yule, RD, Jill Middlemiss, RD, CDE, Deep Chhina, RN, CDE.

- Merci à Chris Hamilton pour rendre mes histoires super belles.

- Merci à Doug McKinnon pour son expertise en graphie et design et en tout ce qui se rapporte aux ordinateurs. Merci pour sa patience infinie avec mes 22 millions de changements de dernière minute.

- Merci à Jamie Oliver pour son action en faveur de la promotion de l'alimentation saine auprès des enfants. Il m'a motivée à passer à l'action. Il est mon héros à moi.

- Merci à mes enfants, Justin et Amélie. Sans eux, il n'y aurait pas eu de Carambole.

- Merci à mon mari préféré, Peter Zakrzewski, pour son support infaillible dans tous mes projets, même ceux qui sont super bidons.

Claudia Lemay, Dt. P.
Auteure de livres pour enfants

Claudia Lemay, Dt.P. travaille en pratique privée et est l'auteure de Carambole la Fée des Aliments et de Carambole la Fée des Aliments-Edition Végane. Son livre lui a valu un prix avec l'association "Mom's Choice Awards". Elle vit avec son mari, ses deux enfants et leurs nombreux animaux de compagnie en Colombie-Britannique.

Pour de plus amples informations sur Carambole, le livre sur la nutrition pour enfants, visitez: www.laféedesaliments.ca ou www.stargoldthefoodfairy.com

15385552R00026

Made in the USA
Lexington, KY
12 November 2018